Hans-Jürgen Gaudeck

Masuren – Land der Stille

Hans-Jürgen Gaudeck

Masuren
Land der Stille

edition federchen
Steffen Verlag

Am Jezioro Probarskie (Probark-See)

Vorwort

… Als der Herr noch auf Erden wandelte, kam er am späten Nachmittag, als er schon etwas müde war, ins Masurische und erschuf mit leichter Hand und ohne viel nachzudenken die masurische Wildnis … So beginnt eine der vielen Geschichten, die über diese Landschaft geschrieben worden sind. Von den Künsten hat sich bisher vor allem die Literatur des Phänomens Masuren angenommen, nun aber auch die Malerei.

Es ist nicht einfach, sich mit Stift oder Pinsel ins Masurische zu begeben. Masuren ist schon ein Kunstwerk an sich, das nach dem Glauben der alten Leute von Gott persönlich zu ihrer Erbauung erschaffen wurde. Ein solches Kunstwerk ist schwer zu überbieten, allenfalls lassen sich bestimmte Nuancen hervorheben, Verschleiertes sichtbar machen, Undeutliches verstärken. Die in diesem Buch versammelten Aquarelle sind nicht dazu angetan, den Schöpfer zu überbieten, sie heben nur die Besonderheiten des Kunstwerkes Masurens hervor, indem sie den kleinen und großen Seen, dem lieblichen Krutinnafluss und den Alleen, die sich am Horizont verlieren, ein Gesicht geben, auch die eigenartige masurische Wolkenbildung hervorheben.

Bei vielen Bildbänden zu bestimmten Landschaften hat der Laie, der die Region kennt, das Empfinden: Das ist nicht typisch, das könnte auch in Mecklenburg oder Pommern sein. Hier ist es anders; bei jedem Bild kommt dem Betrachter der Gedanke: Ja, so ist Masuren.

Auffallend ist das Fehlen von Menschen. Nicht dass Masuren ein menschenleeres Land wäre, aber die Bewohner nehmen sich zurück, gehen unter in der alles beherrschenden Natur. Wälder, Seen und Alleen dominieren, die Menschen sind Randerscheinungen. Und der Maler respektiert die gegebene Rangordnung, indem er die Natur im Vordergrund belässt. Auch die Schlösser und Kirchen auf den Bildern erscheinen nur als rot-gelbe Farbtupfer im Grün und Blau Masurens. Orte wie Dönhoffstädt, Steinort, die Burg von Rößel, die Kirche Heiligelinde ragen aus der Vergangenheit herüber und sind Bindeglied der früheren zu den heutigen Bewohnern Masurens.

Arno Surminski

Masuren – Feld, Wald, über allem die Wolken

Einführende Worte

Masuren – allein der Klang des Wortes hat mich immer wieder zu dieser Landschaft des Ostens hingezogen. Ein Land der scheinbar unendlichen Seen, inmitten tiefer, dunkler Wälder. Orte und alleinstehende Gehöfte, die sich in der Schwere der Landschaft verlieren. Dann diese Wolkengebilde voller Plastizität, die scheinbar den Boden berühren. Über allem ein Hauch von Melancholie. Vielleicht werden diese Empfindungen auch ein wenig durch die Geschichte meiner Eltern geweckt, die dort im Osten des damaligen Ostpreußens ihre Heimat hatten.

Ich glaube jedoch, es ist mehr als das: Es ist die Tiefe, die besondere Stimmung Masurens, die mich so fasziniert. Viele Werke bekannter Schriftsteller sind hier verwurzelt. Ich denke vor allem an Ernst Wiechert, Siegfried Lenz, Arno Holz, Fritz Skowronnek, Arno Surminski – um nur einige zu nennen, bei denen sich wunderbare Bilder dieser Landschaft in ihren Texten wiederfinden. Interessant ist jedoch, dass sich kaum ein bekannter Maler der Landschaft Masurens angenommen hat. Die deutschen Maler der Klassischen Moderne bevorzugten überwiegend den Ostseeraum.

Auch das war für mich ein Anreiz, als Maler Masuren aufzusuchen, meine Empfindungen mittels Farben, Wasser und Pinsel auf Papier festzuhalten. Ich fand eine ideale Ausgangsstation in der Pension Hubertus bei Kosewo (Kossewen) nahe Mragowo (Sensburg) bei dem Forstmeister des Masurischen Landschaftsparks, direkt am Jezioro Juksty (Ixt-See) gelegen. Ein See mit faszinierenden Lichtspiegelungen und Stimmungen, die mich zu immer neuen Aquarellen aufforderten. Am Horizont des Sees indigofarbene Wälder, wie ein Pinselstrich gezeichnet. Von hier aus – im Zentrum Masurens – machte ich mit meinen Malutensilien Exkursionen. Ließ mich von den Klängen Masurens begleiten und auf die Stimmungen dieser so unbeschreiblich schönen Landschaft ein. Machte immer wieder Halt, um Motive, die mir besonders ins Auge fielen, auf Papier zu bannen. Die Aquarelltechnik erschien auch hier als das ideale Mittel, um spontan das Atmosphärische mit ins Bild zu nehmen. Ich ließ auch häufig die für das Aquarell so typischen Farbverläufe zu, vor allem, um die in Masuren so eindrucksvollen Wolkenbilder ins Landschaftsbild einzubeziehen. Am Abend des jeweiligen Tages führte ich Tagebuch, notierte Naturerlebnis und Ort des jeweiligen Ausfluges. Diese kurzen Tagebuchnotizen begleiten die Bilder. Zusätzlich wählte ich aus dem umfassenden Werk der erwähnten Schriftsteller einige Textstellen aus und ließ ihre Poesie zu meinen Bildern einfließen. Das Ergebnis ist kein Reiseführer im herkömmlichen Sinn, sondern ein Buch, das die Landschaften Masurens aus der Sicht eines Malers impressionistisch aufzeichnet und vielleicht den Betrachter des Bildes noch in die Tiefe Masurens mitnimmt.

Hans-Jürgen Gaudeck

Bei Kosewo (Kossewen)

Schon der Standort bei Kosewo als Ausgangspunkt für Exkursionen auf der Suche nach der »Magie Masurens« vermittelt eindrucksvolle Stimmungsbilder. Zwischen den Seen Jezioro Juksty (Ixt-See), Jezioro Probarskie (Probark-See) und Jezioro Kuc (Buden-See) finde ich die schwere, tiefe Musik in der Landschaft, die ich in meinen Bildern auszudrücken versuche. Hinter dem Schilfgürtel der dunkle Waldhorizont. Intensives Rauschen der Bäume, unterbrochen vom Stimmengeräusch der Vögel. Ein Eldorado für Ornithologen.

See bei Kosewo

»Auf einer Insel im Spirding ... Während wir auf der Insel lagerten, bot sich uns ein merkwürdiges Naturschauspiel. Das gegenüberliegende Ufer, das nur wie ein schmaler dunkler Streifen am Horizont erkennbar, hob sich hoch über die Wasserfläche empor, bis es gleichsam in der Luft zu schweben schien. Mein Begleiter kannte seine Bedeutung. Es deutete starken Wind und Regen an. Eiligst verabschiedete er sich nach dem Frühstück und fuhr mit schnellen Ruderschlägen davon. Ich glaubte ihm nicht, sondern setzte Segel und fuhr mit leichtem Wind auf den See hinaus.«

Fritz Skowronnek, »Das Masurenbuch«, 1916

Am Spirding

Masurischer Landschaftspark

Auf dem Wege zum Forsthaus Piersławek (Kleinort) durch die fast undurchdringlichen Wälder des Landschaftsschutzparks Mazurski Park Krajobrazowy. Die Dichte der Laubwälder und das Unterholz lassen kaum Lichtstrahlen zu. Und trotzdem ein leuchtendes Grün in allen Schattierungen. Ein Urwald, der mir – trotz der Tiefe und Dichte des Waldes – Geborgenheit vermittelt. Am Waldrand aquarelliere ich dieses für mich unendliche Waldleben. Wird fast ein abstraktes Bild, erst beim näheren Hinschauen werden die Baumstrukturen sichtbar.

Im Masurischen Landschaftspark

Kleine Wanderung im Masurischen Landschaftspark

Ich finde einen schmalen Pfad inmitten von Farnen und Unterholz. Gehe auf das Abenteuer ein, mich in die unendliche Tiefe des Waldes zu begeben, um vielleicht ein Motiv zu finden, das zu malen sich lohnt. Überraschenderweise keine Mückenschwärme, um mich von der Wanderung abzuhalten. Nach zwanzig Minuten plötzlich helle Lichtreflexe, die mich zu einem kleinen See führen, moorig, voller Geheimnisse und trotzdem voller Licht. Blaue Libellen umschwärmen Seerosen. Alte Bäume, noch voller Leben, neigen sich dem See zu. Das leise, permanente Geräusch der Insekten begleitet dieses ruhige Bild. Ein dezentes Farb- und Lichtspiel, das ich ins Aquarell zu nehmen versuche.

Mooriger See im Masurischen Landschaftspark

»Lange sahen wir von der Höhe das dunkle Wasser. Am anderen Ufer, vor der Schilfwand, stand ein Fischer in seinem grauen Kahn, und die sinkende Sonne legte ein feuriges Band um jede Linie seiner Gestalt. Die letzten Wolken sanken rötlich beglänzt unter den Horizont. Die Nacht war schon zu ahnen, eine große, lautlose Nacht, in der die Sternenbilder vom Aufgang zum Niedergang wandeln würden und ihre Spiegelbilder im unbewegten Wasser. Der Tau würde auf Pflanze und Baum und auf die Gewebe der Spinnen, die sich von Schilfhalm zu Schilfhalm schwangen, fallen. In der die Erde sich tränken würde und unsere Spuren matter werden, bis der Sand sie verwehte und das Gras sie überwuchs.«

Ernst Wiechert, »In der Heimat«, 1951

Wolken am Abend über dem Jezioro Juksty (Ixt-See)

Auf den Spuren von Ernst Wiechert

Beeindruckend ist die Fahrt von Kosewo (Kossewen) kommend durch die Feld- und Wiesenlandschaft und die Einfahrt bei Jakubowo (Jakobsdorf) in die Tiefe des Mazurski Park Krajobrazowy. Ein Gefühl der Unendlichkeit des Waldes. Kein Verkehr, ich begegne nur einem Forstfahrzeug. Inmitten des Waldes, in der Nähe von Piecki (Peitschendorf), liegt einsam das Forsthaus Piersławek (Kleinort) von Ernst Wiechert. Hier verlebte er mit seiner Familie – sein Vater war Förster – seine Kindheit und nahm intensiv die Stimmungen des Waldes auf, die sich später in seinen Romanen widerspiegeln. Vor allem in der masurischen Sage »Die Jeromin-Kinder« werden gefühlvoll die Wechselbeziehungen zwischen den in Masuren lebenden Menschen und der Natur beschrieben. Wunderbare Naturbeschreibungen finden sich auch in »Das einfache Leben« und in »Wälder und Menschen« wieder. Für mich ist Wiechert vor allem ein Dichter der Stille und der Melancholie.

Neben dem Forsthaus ein kleines Ernst Wiechert-Gedenkhaus, das sehr liebevoll von einer jüngeren Frau betreut wird. Durch die zahlreichen ausgestellten Gegenstände aus dem Privatbesitz Wiecherts sowie alte Buchausgaben des masurischen Schriftstellers atmet dieses Holzhaus noch ein wenig die Vergangenheit Masurens.

Nach dem Verlassen des Hauses versuche ich malerisch die Stimmung dieses Forsthauses einzufangen.

Forsthaus Ernst Wiecherts

»Der Reif ist zu Tau geworden, und Tausende von Spinngeweben schimmern in der Sonne. An den Waldrändern brennt der wilde Birnbaum in glühendem Rot, und die Ahornbäume leuchten in ihrem herrlichen Gold. Niemals ist der Wald wunderbarer als im Herbst, in seinen Farben, seinem Geruch, seiner fast atemlosen Stille. Schwermut erfüllt ihn, aber sie ist sanfter als zu andren Jahreszeiten, und noch heute ist die Seele nirgends reicher mit Gestalten und Plänen erfüllt als in einem Grenzgraben am Waldrand im Herbst, wo der Blick über welkende Kartoffelfelder geht, über schweigende Moore und die großen ruhigen Wolken dieser Jahreszeit.«

Ernst Wiechert, »Wälder und Menschen«, 1936

Farben des Herbstes

Auf dem Weg nach Krutyń (Krutinnen)

Ich fahre durch eine gradlinige, langgezogene Allee, die wie eine unendliche, gründurchtränkte Waldschneise wirkt. Ab und zu wird die Straße durch einfallende Sonnenstrahlen beleuchtet. Ich halte immer wieder an, um Wege in den fast undurchdringlichen Wald zu suchen. Vermute hier im Inneren des Waldes kleine Seen und Flussläufe. Am Ende der Allee dann die ersten Uferlichtungen der Krutynia (Krutinna), wo jetzt am Wochenende schon viele Paddelboote ins Wasser gebracht werden. Die Krutynia, die auch »Königin der masurischen Flüsse« genannt wird, mäandert durch die Wälder der Puszcza Piska (Johannisburger Heide) und durchfließt auf ihrem Wege viele malerische Waldseen.

Allee im Masurischen Landschaftspark

Wanderung entlang der Krutynia (Krutinna)

Ich beabsichtige, bei Krutyń (Krutinnen) ein Boot zu nehmen, stelle jedoch fest, dass der Bootstourismus auf der Krutynia am Wochenende zu groß ist, um diese so eindrucksvolle, von Moränenhügeln geprägte Flusslandschaft zu genießen. Mache mich also zu Fuß auf eine Wanderung entlang der Krutynia, die bei einer Länge von nur einhundert Kilometern ganze siebzehn Seen durchfließt.

Ich bereue diese Wanderung nicht, begegne auf dem vier Kilometer langen Uferweg keinem Menschen. So kann ich die Stimmungen dieser so einmaligen Flusslandschaft voll auf mich wirken lassen und ab und zu eine Malpause einlegen. Eindrucksvoll sind hier die hohen Ufer, mit alten Kiefern und Eichen bewachsen, die einen grünen Tunnel über dem Pfad bilden. Werde ständig von dem Geräusch und Spiel des Wassers begleitet, das sich seinen Weg durch den Wald bahnt. Am Uferrand der Krutynia umgestürzte Bäume, deren Zweige in bizarrer Verästelung in den Fluss ragen. Und über allem das Grün der fast tropischen Vegetation.

Ufervegetation an der Krutynia (Krutinna)

Auf dem Rückweg nach Krutyń (Krutinnen)

Auf dem Rückweg am Flussufer entlang nach Krutyń, über mir das dichte Blätterwerk der Laubbäume, das seine Schatten auf die Wasserfläche wirft und wie ein Vorhang über dem Fluss schwebt. Kann mich nicht satt sehen am gurgelnden Fluss des Wassers, der vom kräftigen Grün der urwaldigen Vegetation eingebettet ist. Wieder ein Aquarell des Augenblicks – spontan zu Papier gebracht.

Werde mich morgen auf der Krutynia (Krutinna) staken lassen. Vielleicht gelingen mir bei ruhigem Fahrwasser einige Bilder auf dem Boot.

Fluss Krutynia (Krutinna)

Staken auf der Krutynia (Krutinna)

Der Montag ist ein ruhiger Tag, kaum Touristen im Dorf Krutyń (Krutinnen), das malerisch am Fluss liegt und Ausgangsstation für Touren auf der Krutynia ist. Die Anfänge des Ortes gehen bis ins Jahr 1500 zurück. Unter dem 36. Hochmeister des Deutschen Ordens Friedrich von Sachsen wurde die Jagdstation in dem Urwald befestigt, der damals zum Amt Szestno (Seehesten) gehörte. Diese Station wurde später in ein Jagdschloss umgebaut. Heute ist Krutyń dank seiner Lage ein Ort für den Fremdenverkehr.

Gleich bei Ankunft in Krutyń werde ich von einem älteren Stakführer angesprochen, der mich dann zu seinem Zehnerboot führt. Habe das Glück, dass außer meiner Frau und mir kein weiterer Tourist auftaucht und wir das Boot für uns allein haben. Wir werden zunächst gegen den Strom bis zum Jezioro Krutyńskie (Krutynskie-See) gestakt und lassen uns dann zurückgleiten. Eine Bootsfahrt durch die Stille eines Flusses, der mich jetzt im Sommer stark an schmale tropische Flussläufe erinnert.

Flusslauf der Krutynia (Krutinna)

Boote auf der Krutynia (Krutinna)

Das Staken erinnert mich an unseren Brandenburgischen Spreewald, nur die Flusslandschaft ist eine völlig andere. Die Krutynia fließt hier wild durch den aufsteigenden Wald. Der aus dem Altpreußischen stammende Name Krutynia bedeutet »schnellfließender und gewundener Fluss«, und so zeigt er sich in ganzer Länge.

Durch die langsame Bewegung des Bootes im kristallklaren Wasser sind Fische erkennbar, die sich flink über kleine Steine bewegen. Blaue Libellen schwirren über Wasserlilien. Fadenartige Wasserpflanzen tanzen im Fluss des Wassers. Kleine Vegetationsinseln tauchen auf, die wir durch Seerosenfelder umfahren. Eine Wildentenschar taucht plötzlich auf und verschwindet schnell wieder im Schilf des Ufers. Die Flusslandschaft verändert ständig ihr Aussehen. Sie führt uns weiter durch grüne Tunnelwände und öffnet sich urplötzlich wieder im Licht des Himmels.

Während der Bootsfahrt umgibt uns eine wunderbare Stille. In der Ferne dann doch Stimmen von Menschen aus zwei Booten zu vernehmen, die in Richtung Krutynia gestakt werden. Da wir gerade an einer Schilfinsel parken, kann ich diesen Moment mit meinen Aquarellfarben festhalten.

Boote auf der Krutynia (Krutinna)

Fahrt in die Vergangenheit

Nach Drogosze (Dönhoffstädt). Fahre von Mrągowo (Sensburg) aus in den nördlichen Bereich Masurens, über Kętrzyn (Rastenburg), das ich bei einem späteren längeren Aufenthalt besichtigen werde – allein schon wegen der beeindruckenden Kirche aus der Kreuzritterepoche.

Hier im Norden Masurens verliert sich das Auge an der Weite der Felder.

Die fast geradlinige Straße führt vor Drogosze durch eindrucksvolle Alleen. Selbst die Baumstämme werden hier vom Grün des Laubs bewachsen. Tunnelartiges Fahren in die Vergangenheit, zu einem der größten Schlösser Masurens, einstiger Sitz der Familie von Dönhoff.

Allee auf dem Weg nach Drogosze (Dönhoffstädt)

Drogosze (Dönhoffstädt)

Nach längerer Fahrt durch herrliche Alleen schließlich Ankunft in Drogosze. Ein Ort, der irgendwie verlassen wirkt, ein Grenzort – Russland ist nicht weit entfernt.

Das Landgut Drogosze, das zu Lebzeiten der Familien Wolfsdorf, Dohna und Rautter noch Wolkowo (Groß Wolfsdorf) hieß, wurde um 1600 von der polnischen Linie der Dönhoff-Familie übernommen. Schließlich wurde die Linie der Dönhoffs von Drogosze auf dramatische Weise unterbrochen, als der 21-jährige Erbe von Stanislaus von Drogosze während eines sinnlosen Duells im Jahre 1816 sein Leben verlor. Nach diesem tragischen Ereignis blieb das Landgut durch Heirat einer der Schwestern von Stanislaus Otto von Dönhoff mit dem Grafen Konrad zu Stolberg-Wernigerode bis 1945 im Besitz der schlesischen Magnatenfamilie.

Das Schloss Drogosze ist beeindruckend. Errichtet um 1710 von Boguslaw Friedrich von Dönhoff, ist es der größte Bau dieser Art in Masuren. Als Vorlage für das Schloss diente der Hauptfamiliensitz in Friedrichstein in der Nähe von Königsberg. Obwohl als barockes Schloss ausgewiesen, hat es für mich durchaus klassizistische Strukturen.

Als ich den Vorgarten des Schlosses betrete, kommt mir eine reizende ältere Dame entgegen. Sie bietet an, mir das Innere des Schlosses zu zeigen. Einige Räume sind noch begehbar, ausgestattet mit großen, repräsentativen Kaminen. Beeindruckend der Ballsaal mit seinen prächtigen Deckenornamenten. Obwohl vieles in dem Schloss schon dem Verfall ausgesetzt ist, vermittelt die Pracht des Hauses noch die Aura des ehemaligen ostpreußischen Hochadels.

Schloss in Drogosze (Dönhoffstädt)

Park der Familie von Dönhoff

Hinter dem Schloss erstreckt sich ein großer Park, der sich inzwischen in eine urwüchsige Waldlandschaft verwandelt hat. Seine Baumriesen beeindrucken, seine Größe unterstreicht die einstige Bedeutsamkeit der ehemaligen »Königlichen Residenz«, die zu den Anwesen der drei ostpreußischen Familiengüter gehörte, in denen der König von Preußen sich während seiner Reisen aufhielt.

Neben Schloss und Park fallen mir die Wirtschaftsgebäude mit ihrer ungewöhnlichen Architektur und Fensterverzierung auf. Vor allem ein Pferdestall mit Reithalle ähnelt auf den ersten Blick einer kleinen Kirche. Alles fast von der ungebändigten Vegetation überwuchert. Der angrenzende Teich spiegelt dieses morbide, romantische Bild des Vergangenen.

Reithalle in Drogosze (Dönhoffstädt)

Von Drogosze (Dönhoffstädt) nach Sztynort (Steinort)

Auf der Fahrt zum ehemaligen Wohnsitz der Familie von Lehndorff fällt mir die Weite der Felder auf. Ansehnliche Holunderbüsche säumen den Weg. An den teilweise verlassenen Bauernhäusern nisten auf Holzstangen Störche und geben der Landschaft eine besondere Ausstrahlung. Erinnert mich sehr stark an meine Fahrt vor zwei Jahren ins Kaliningrader (Königsberger) Becken, eine russische Exklave, die bis an die ehemalige Samländische Küste reicht. Auch dort gab es, auf nicht mehr bestellten Ackerflächen, viele verlassene Häuser, die von Storchennestern belegt waren. Auf einer Scheune zählte ich damals allein über 10 Storchenpaare.

Mache auf halber Strecke nach Sztynort bei Srokowo (Drengfurth) am Wegrand halt, um die Ruhe und Weite der Landschaft auf mich wirken zu lassen. Der Duft der Holunderblüten an einem alten Bauernhaus legt sich auch auf meine Stimmung beim Aquarellieren dieser so einfachen und reizvollen Komposition.

Vor Sztynort (Steinort)

Ueber die Welt hin ziehen Wolken.
Grün durch die Wälder
fliesst ihr Licht.

Herz, vergiss!

In stiller Sonne
webt linderndster Zauber,
unter wehenden Blumen blüht tausend Trost,

Vergiss! Vergiss!

Aus fernem Grund pfeift, hoch, ein Vogel …
Er singt sein Lied.

Das Lied vom Glück

Vom Glück.

Arno Holz, »Phantasus«, 1898

Landschaft bei Jakubowo (Jakobsdorf)

Sztynort (Steinort)

Vor Sztynort wieder ausgedehnte Baumalleen. Auch hier Bäume, die in den Sommermonaten bis zu den Baumstämmen vom Grün der Blätter überzogen sind. Eine Tunnelfahrt auf der Suche nach der Vergangenheit der Familie von Lehndorff, die hier im ehemaligen Steinort einen der schönsten Adelssitze in Ostpreußen hatte.

Als »tiefe Stille am See« beschrieb Marion Gräfin Dönhoff Steinort, wo sie in ihrer Jugendzeit oft ihre Ferien verbrachte. Sie sprach von einem magischen Ort, von dem sie sich immer wieder angezogen fühlte. Letzter Besitzer des 1689 errichteten Schlosses war Heinrich von Lehndorff, der 1944 – zusammen mit Graf Schenk von Stauffenberg – zu den Verschwörern gegen Hitler gehörte. Nach dem misslungenen Attentat wurde Heinrich von Lehndorff im September 1944 hingerichtet.

Mir zeigen sich Schloss und Park erst nach langem Suchen. Hinter riesigen landwirtschaftlichen Gebäuden taucht das Schloss der Familie von Lehndorff auf. Verfallserscheinungen, wohin das Auge schaut, aber auch Restaurierungsaktivitäten sind erkennbar.

Setze mich auf einen Steinquader, lasse die morbide Atmosphäre des Ortes auf mich wirken und rufe mir noch einige Texte aus dem Buch der Gräfin von Dönhoff »Kindheit in Ostpreußen« in die Erinnerung. Unter diesem Eindruck aquarelliere ich das Schloss.

Schloss Sztynort (Steinort)

Schlosspark von Sztynort (Steinort)

Der hinter dem Schloss liegende englische Landschaftspark nimmt mich wieder auf eine gedankliche Reise in die Vergangenheit des ostpreußischen Hochadels mit. Überwältigend der Anblick der riesigen Eichen, die in der ersten Hälfte des 17. Jahrhunderts gepflanzt wurden. Der Park, konzipiert von den von Lehndorffs, reicht mit seinen um die achtzehn Hektar Größe bis zum See Mamry (Mauersee).

Die Verwilderung des Parks ist stark. In den Sommermonaten sind die Sichtachsen des englischen Landschaftsparks kaum noch zu erkennen. Nur auf wenigen Wegen wird die Pracht des Parks mit seinen alten Bäumen durch das eindringende Sonnenlicht ausgeleuchtet. Umso weiter ich mich in den Park hineinbegebe, umso mehr verliere ich mich im Dunkel des dichten Buschwerks. Die Struktur des Parks dürfte sich in der vegetationsarmen Zeit eher erkennen lassen.

Vielleicht liegt die Magie der Orte in Drogosze (Dönhoffstädt) und auch hier in Sztynort derzeit an der ungezügelten Natur in den Parkanlagen, die die Schlösser in ihr eigenes, natürliches Wachstum aufnehmen.

Alte Eichen bei Sztynort (Steinort)

In der Früh am Jezioro Juksty (Ixt-See)

Mache es mir während des Aufenthalts in der Pension Hubertus am Juxt-See zur Gewohnheit, vor dem Frühstück eine Runde im See zu schwimmen. Genieße die Stimmung des Morgens, den Tau auf den Gräsern, die Vielfalt der Vogelstimmen im Schilfgürtel, den Schein der ersten Sonnenstrahlen. Nebelschwaden am gegenüberliegenden Ufer lassen noch die Geheimnisse der vergangenen Nacht ahnen. Ein Traumbild, das sich allmählich im Licht der über den Waldgipfeln aufgehenden Sonne auflöst. Momente, die sich kaum durch Worte ausdrücken lassen. Ich versuche es mit meiner Bildsprache.

In der Früh am Jezioro Juksty (Ixt-See)

»Gegen Mittag war der Wind eingeschlafen. Nur ab und zu lief ein leiser Hauch über den glatten Spiegel und kräuselte die stille Oberfläche des Wassers. Aber mit Besorgnis sahen die Fischer auf die dunkle Wolkenwand, die sich am östlichen Himmel auftürmte. Jetzt lösten sich einige Fetzen davon ab und trieben wie vom Sturm gepeitscht der Sonne zu. Mit ihnen kam die Eilung über den See gestürmt und zerriß den stillen Seespiegel, daß die Wellen hoch aufstiegen und im Zusammenstürzen große Schaumflocken von sich schleuderten. Und hinter der Eilung schob sich wie eine weiße Wand der Regen heran und verhüllte Himmel und Erde. Hinter den Ufersträuchern, vom großen Segel des Zauns geschützt, ließen wir das Unwetter vorübergehen. Nach einer Stunde hatte sich die Kraft erschöpft. Fröhlich schöpften die Fischer das Himmelswasser aus ihren Kähnen und fuhren hinaus auf die Tiefe, um von neuem Netze auszuwerfen.«

Fritz Skowronnek, »Das Masurenbuch«, 1916

Regenwolken über dem Jezioro Bełdany (Beldahnsee)

Gałkowo (Galkowen)

Um mir einen Eindruck von dem ursprünglichen masurischen Baustil zu verschaffen, fahre ich nach Gałkowo, zu einem der sogenannten Philipponendörfer, die im 19. Jahrhundert von russisch-orthodoxen Altgläubigen, den Philipponen, gegründet wurden. Bis in das späte 20. Jahrhundert hinein blieb Gałkowo neben Wojnowo (Eckertsdorf) eine der letzten Siedlungen, in denen überwiegend Altorthodoxe lebten.

Entlang der Dorfstraße fallen mir mehrere Holzhäuser auf, die besonders durch die bäuerliche Architektur ihren Reiz ausstrahlen.

Inspiriert durch diese so natürliche Ursprünglichkeit des kleinen Dorfes setze ich mich auf einen Feldstein und halte ein besonders markantes Holzhaus – umgeben von einem Garten mit üppig blühenden Sommerblumen – malerisch fest. Wieder ein traumhafter Moment Masurens: Hinter dem Bauernhaus die Weite der Felder, unterbrochen durch Baumgruppen. Bewegung durch weidende Kühe. Am Horizont der blau-grüne Streifen des Waldes.

Fahre in die schon dunkle Tiefe des Waldes hinein, da sich die Sonne bereits hinter den Baumwipfeln befindet. In Kosewo (Kossewen) wieder zurück, erwartet mich über dem See der Abend mit einem wunderbaren kurzen Lichtspiel.

Altes Bauernhaus bei Gałkowo (Galkowen)

»Nie habe ich die Natur in so wunderbaren Farben prangen sehen, wie an jenem Abend. Das helle Laub der Birken und Weiden am Seerande leuchtete förmlich, auf dem dunklen Kiefernwald lag ein bläulicher Schimmer, und das Spiegelbild der Uferhöhen in dem stillen See war so klar, daß man jeden Grashalm erkennen konnte, und über Wald und See lag der Schein der untergehenden Sonne so mild und weich, wie das Lächeln auf dem Antlitz einer zärtlichen Mutter. In den Rohrkampen jubelten Wasservögel. Geschwätzig lärmte der Rohrspatz, aber all' diese Töne schienen den tiefen Frieden der Natur nicht zu stören. Wie wehende Vorhänge wogten die Schwärme der Mücken über dem Seespiegel, auf dem in jedem Augenblick ungezählte kleine Ringe aufsprangen, um in wenigen Sekunden spurlos zu verzittern.«

Fritz Skowronnek, »Das Masurenbuch«, 1916

Abendstimmung über dem Jezioro Juksty (Ixt-See)

Gräfin Marion von Dönhoff und Graf von Lehndorff – eine Spurensuche

Fahre nochmals nach Gałkowo (Galkowen), um mir das dort wieder entstandene Jagdhaus aus Sztynort (Steinort), dem früheren Sitz des Grafen von Lehndorff aus dem 19. Jahrhundert, anzusehen.

Dieses Haus wurde von Aleksander Potocki, einem Nachfolger polnischer Adelsfamilien, rekonstruiert und von Sztynort nach Gałkowo versetzt. Graf Potocki trug das vom Verfall bedrohte Jagdhaus in Sztynort ab und ließ es im achtzig Kilometer entfernten Gałkowo aufbauen. Heute ist es ein Gasthaus, und im ersten Stock des Hauses erinnert ein Gedenkraum an Gräfin Marion von Dönhoff sowie an den letzten Besitzer von Sztynort, den Grafen von Lehndorff.

Hier treffe ich auch Renate Marsch, die Mutter Graf Potockis und langjährige dpa-Korrespondentin in Polen, die viel über das Haus, über Masuren zu berichten weiß.

Ich verspreche, ihr dieses Buch über Masuren aus der Sicht eines Malers zuzusenden. Und vielleicht wird sich im nächsten Jahr ein Wiedersehen in Gałkowo anschließen.

Versetze das Jagdhaus beim Malen in die Zeit der von Lehndorffs in Sztynort, umgeben von Holundersträuchern, die auch heute noch in Masuren an den Wegen und Feldrändern so zahlreich zu finden sind und im Sommer ihren so anregenden Duft verbreiten.

Jagdhof von Lehndorffs

Wanderung von Gałkowo (Galkowen) nach Wojnowo (Eckertsdorf)

Will mir ein kleines Kloster und die russisch-orthodoxe Kirche in Wojnowo ansehen. Von Gałkowo aus wandere ich acht Kilometer an Feld- und Waldrändern vorbei und stoße schließlich am malerischen See Jezioro Dus (Duss-See) auf die um 1927 erbaute weißgestrichene Holzkirche. Sie unterscheidet sich durch ihre russische Herkunft und ihren Baustil von den ostpreußischen Kirchenbauten.

Das 1847 erbaute Kloster ist das einzige Frauenkloster der Altgläubigen in ganz Polen. Und es war das Zentrum des religiösen und gesellschaftlichen Lebens der masurischen Philipponen. Die meisten Einwohner von Wojnowo kehrten später zur offiziellen russischen Kirche zurück und nur wenige blieben bei ihrem altorthodoxen Glauben.

Die Nonnen der Altgläubigen ruhen auf dem kleinen Friedhof am Jezioro Dus. Die charakteristischen Holzkreuze stehen nach philipponischer Tradition zu Füßen der Gestorbenen und zeigen in Richtung Osten.

Wie ich erfuhr, wurde der Friedhof im Sommer 2008 von Freiwilligen aus Deutschland und Polen saniert.

Wieder ein Ort, der durch seine Landschaft und Geschichte die Ruhe und Tiefe Masurens ausstrahlt.

Philipponenfriedhof in Wojnowo (Eckertsdorf)

»Thomas war eine Nacht und einen halben Tag gefahren, als er an der kleinen Haltestelle ausstieg. Er holte sein Fahrrad aus dem Gepäckwagen, sah hinter dem Bahnhofsgebäude einmal in seine Karte, machte den Rucksack fest und fuhr die birkengesäumte Straße hinunter, den Wäldern zu, die blau und groß im Süden die Welt verschlossen. Obwohl das Land nicht unähnlich seiner märkischen Heimat war, schien es ihm doch, als sei er in der Nacht über fremde und riesige Ströme gefahren und als sei dies hier mit keiner Erde zu vergleichen, die er während seines Lebens betreten hatte.«

Ernst Wiechert, »Das einfache Leben«, 1939

Masurische Abendstimmung

Mikołajki (Nikolaiken)

Kann mich noch gut an vor zwei Jahren erinnern, als wir auf einer Bahnreise durch Ostpreußen diesen Ort besuchten und hier für zwei Tage in einem Sporthotel Station machten. Malte direkt vor unserem Hotel den aufsteigenden Nadelwald, der sich bis zum See hinunter zog.

Nun wieder eine Begegnung mit diesem Ort, der auch »Masurisches Venedig« genannt wird, schon allein wegen der zahlreichen Brücken und Stege und der malerischen Lage zwischen den Seen Jezioro Tałty (Talty-See) und Jezioro Mikołajskie (Nikolaiker See). Jahrhunderte lebten die Einwohner von der Fischerei, vor allem die Maränen-Fischerei hatte hier ihren zentralen Fangort. Ein Fisch, der für mich einer der schmackhaftesten ist – vor allem im geräucherten Zustand.

Der Tourismus, der auch heute die wesentliche Einnahmequelle für die Bewohner ist, entwickelte sich schon in der Mitte des 19. Jahrhunderts mit der Aufnahme des Passagierverkehrs auf den großen Seen Jezioro Mamry und Jezioro Śniardwy – (Mauer- und Spirdingsee). Leider ist durch die etwas sehr intensive Tourismuswirtschaft der Charme dieses landschaftlich schön gelegenen Ortes verloren gegangen.

Besonders anziehend für mich ist allein die evangelische Kirche. Auf einer großen Brücke finde ich die ideale Komposition, um Mikołajki malerisch einzufangen.

Die protestantische Kirche stammt aus dem Jahre 1842 und wurde nach Plänen von Schinkel erbaut. Über dem Mittelschiff ein Fassgewölbe, gestützt durch dorische Pfeiler, über den Seitenschiffen Holzdecken. Den gesamten Innenraum der Kirche empfinde ich hell und klar gegliedert. Durch die sehr dezenten Farbglasfenster erhält der Raum eine atmosphärische Beleuchtung. Eine Kirche, wie ich sie auch häufig in ihrer Art in Dänemark sehe. Nicht bedrückend dunkel, sondern warm und aufrecht.

Vor der Kirche habe ich eine nette Begegnung mit einem ehemaligen deutschen Masuren, geboren 1936, der hier in seiner ehem. masurischen Heimat als einziger seiner Verwandtschaft geblieben ist. Sofort erkennbar durch seinen ostpreußischen Dialekt. Da mein Elternhaus auch ostpreußisch geprägt ist und ich noch viele Erzählungen meiner Eltern aus ihrer Heimat abrufen konnte, wird es vor dieser so schönen klaren Kirche ein langes anregendes Gespräch, das viele Erinnerungen wachruft.

Mikołajki (Nikolaiken)

Wolken-Felder

Zwischen Mikołajki (Nikolaiken) und Kosewo (Kossewen) die Weite der Felder. Leicht hügeliges Gelände. Vereinzelte Häuser, die sich an kleine Waldgruppen anlehnen. Und über allem immer wieder diese so ausdrucksvollen Wolkenfelder.

Kurz vor Kosewo entdecke ich am Straßenrand zwei steinige morbide Torpfosten. Bin neugierig, wohin der dahinterliegende Durchlass, teilweise von der Vegetation überwuchert, führt.

Hinter dem Wildwuchs zeigt sich ein großflächiges Fundament, auf dem ich ein vor langer Zeit erbautes großes Gutshaus vermute, nun völlig von der Zeit verschlungen. Am angrenzenden, verwilderten Park ein von einer Quelle gespeister Bach, der sich seinen Weg in den angrenzenden Wald sucht. Ein melancholischer Moment.

Suche ein in der Nähe befindliches Gasthaus auf, das malerisch am Jezioro Probarskie (Probark-See) liegt. Hier kann ich auch endlich die so köstlichen Maränen genießen.

Bei Kosewo (Kossewen)

»Der Vergleich mit Thüringen würde also sehr nahe liegen, wenn Masuren nur ein mit Wald bedecktes Hügelland wäre. Seine landschaftliche Schönheit ist aber noch weit größer, weil hier die Abwechslung von Berg, Wald und See das Auge in wunderbarer Weise gefangen nimmt. Und es gibt nicht nur kleine und mittlere Seen, eingebettet in dunkle Nadelwälder, sondern es gibt auch Riesen, über deren unermeßliche Wasserflächen das gegenseitige Ufer nur wie ein schmaler Pinselstrich am Horizont erscheint.

Der größte, der Spirding, brüllt wie die See, wenn er im Frühjahrs- oder Herbststurm seine dunkelgrünen Wogen auf das Ufer rollt und dabei langsam aber stetig gewaltige Felsenblöcke nach dem seichten Wasser hin verschiebt. Ebenso schön sind die Seen, wenn Sie unter der lachenden Sommersonne glatt wie ein Spiegel daliegen, in dem die lichten Wolken des Himmels wiederspiegeln.«

Fritz Skowronnek, »Das Masurenbuch«, 1916

Spiegelung am Jezioro Probarskie (Probark-See)

Szestno (Seehesten)

Schon auf der Fahrt über Kętrzyn (Rastenburg) nach Drogosze (Dönhoffstädt) fiel mir hinter Mrągowo (Sensburg) eine so typische Heiligkreuzkirche mit ihrem wuchtigen gotischen Turm und dicken Außenmauern auf. Sie gehörte zu einer Burg des Deutschen Ordens, die Mitte des 14. Jahrhunderts entstand. Für eine ländliche Kirche ist der Typus einer dreischiffigen Halle mit Rechteckchor und mächtigem Westturm bemerkenswert. Neugierig auf die Inneneinrichtung der Kirche höre ich mich nach einem Schlüssel um, den ich schließlich in einem kleinen Kaufmannsladen auf der anderen Seite der Straße erhalte.

Die Neugierde lohnt sich. Eine bemerkenswerte Innenausstattung aus dem 17. Jahrhundert mit Hochaltar, Empore und Patronatsgestühl lässt mich hier längere Zeit verweilen. An der Decke eine künstlerisch hochwertige Darstellung des Totentanzes. Die Stühle weisen wunderbare Holzschnitzereien auf.

Verlasse die Kirche, suche den hinter der Kirche liegenden Friedhof auf, um deutsche Namen zu suchen, finde jedoch mit einer Ausnahme überwiegend polnische. Bewundere die imposanten Gusseisenkreuze auf den Gräbern.

Unter dem Eindruck dieser bemerkenswerten Kirche verweile ich noch einige Zeit am Feldrand. Hole meine Malutensilien aus dem Wagen, setze mich auf einem Feldstein und aquarelliere die Kirche. Ein Moment der Stille.

Kirche in Szestno (Seehesten)

Zwischen Szestno (Seehesten) und Kętrzyn (Rastenburg)

Bevor ich mich in Richtung Kętrzyn aufmache, sehe ich eine Wolkenfront auf mich zukommen, die sich über die langgestreckte, hügelige Feldlandschaft bewegt. Wieder ein so typisches masurisches Wolkengebilde, das fast die Felder und Baumgruppen berührt. Eilig halte ich dieses Phänomen im Aquarell fest.

Landschaft bei Szestno (Seehesten)

Kętrzyn (Rastenburg)

Kurz vor Kętrzyn fallen sofort die markante Ordensburg und die Kirche auf. Die Ordensburg ist wohl eine der besterhaltenen Burgen Polens. Sie hat einen quadratischen Grundriss und zweistöckige Kreuzgänge. Besuche das im Gebäude befindliche Museum und war überrascht über einige dort ausgestellte Möbel und Kunstgegenstände aus dem ehemaligen Dönhoff-Schloss. Überhaupt ein sehr gut geführtes Museum mit vielen Objekten der Ordenszeit.

Die gegenüberliegende imposante Pfarrkirche St. George, die in die Stadtbefestigung integriert wurde, wirkt auf mich durch ihre massive Bauart, ihre beiden viereckigen Türme ohne Helme und ihre Größe wie eine Wehrkirche – ein klassischer Typ der mittelalterlichen Verteidigungskirche. Burg und Kirche geben der Stadt ein besonderes Gepräge.

Das Stadtbild von Kętrzyn finde ich im Gegensatz zu Mrągowo (Sensburg) klar gegliedert; es macht einen festen, soliden und kommerziellen Eindruck. Die gut erhaltenen Häuser mit ihren Fassaden aus vergangener Zeit hinterlassen auf mich beim Rundgang stimmungsvolle, melancholische Eindrücke.

Im Gebäude der Apotheke »Zum Adler« in Kętrzyn kam der Dichter und Dramatiker des Naturalismus und Impressionismus Arno Holz 1863 zur Welt. Die Erinnerungen an die Stadt seiner Kindheit hat er in seinem Buch »Kinderparadies« beschrieben.

Kirche St. George in Kętrzyn (Rastenburg)

Entlang des Pilgerwegs von Święta Lipka (Heiligelinde) nach Reszel (Rössel)

Schon vor zwei Jahren suchte ich während der polnischen Ferienzeit Święta Lipka auf, um das wichtigste masurische Baudenkmal, den barocken Klosterkomplex aus dem Jahre 1693 und das Wallfahrtmariensanktuarium, die »Basilika«, zu besichtigen. War über die Verspieltheit der Architektur dieser barocken Kirche überrascht. Sehe mir nun außerhalb der Ferienzeit in Ruhe den gesamten Klosterkomplex näher an.

Um mich dem Ziel langsam zu nähern, wandere ich auf dem sechs Kilometer langen Abschnitt des sogenannten Pilgerweges von Reszel nach Święta Lipka. An dem Pilgerweg wurden 1733 fünfzehn barocke Rosenkranzkapellen gebaut.

Strahlend blauer Sommertag. Wandere durch schattenspendende Alleen, an weiten, gelbleuchtenden Feldern vorbei. In den Senken vereinzelte Bauerngehöfte. Ein wunderbares masurisches Stimmungsbild. Versuche, dieses Fluidum am Feldrand spontan zu aquarellieren. Vielleicht lässt sich über die Malerei die Atmosphäre des Augenblicks besser beschreiben, als Zeilen es können?

Auf dem Pilgerweg von Święta Lipka (Heiligelinde) nach Reszel (Rössel)

»Aus einem Kornfeld,
schräg zum See,
hob sich die Linde.

Auf schmalem Fussweg an ihr vorbei,
jeden Nachmittag durch die Juliglut zum Baden,
wir Jungens.

Der blaue Himmel, die tausend gelben Blüten, das Bienengesumm!

Und noch immer,
wenn die Andern längst unten waren,
– aus dem Wasser ihr Lachen und Geschrei –
stand ich.

Und sah den Himmel
und hörte die Bienen
und sog den Duft.«

Arno Holz, »Phantasus«, 1898

Feldweg bei Kosewo (Kossewen)

Wallfahrtskirche Święta Lipka (Heiligelinde)

Die Kirche und das Kloster der Jesuiten in Święta Lipka gelten als einer der wertvollsten Barockkomplexe im Land und einer der wichtigsten Pilgerorte Nordpolens. Die Kirche aus dem Jahr 1693 wurde vom Jesuitenorden wegen des sumpfigen Geländes auf Erlenpfählen errichtet.

Die Kirche und das gesamte Klosterensemble wirken auf mich überwältigend. Vor allem die farbige Fassade mit den zwei hohen Türmen, eingebettet im Grün der Vegetation, hat etwas Luftiges. Beim Eintritt in den Kirchenhof bewundere ich das meisterhaft geschmiedete Tor. In den Nischen der Kapellen und in der westlichen Seite des Kreuzgangs stehen vierundvierzig Steinfiguren, die sogenannte Ahnentafel Christi. Ganz in der Tradition der Jesuiten wurde die Kirche mit theatralischen Elementen wie illusionistischen Wand- und Deckenmalereien ausgestattet.

Für mich ist das originellste Meisterstück die in den Jahren 1719–1721 entstandene Orgel des Königsberger Orgelmeisters Johann Josua Mosengel. Sie ist mit Engelfiguren verziert, die sich während des Orgelspiels lebhaft bewegen. Ich habe das Glück, dass gerade ein Orgelkonzert stattfindet und ich ein wenig schmunzelnd dieses Zusammenspiel der Figuren mit der Musik Bachs aufnehmen kann.

Etwas berauscht vom Innenleben der Kirche suche ich mir ein ruhiges Plätzchen in der kleinen vorgelagerten Parkanlage, um skizzenhaft die Luftigkeit der Kirche auf Papier festzuhalten.

Kirche in Święta Lipka (Heiligelinde)

Reszel (Rössel)

Es geht zum Ausgangspunkt des Pilgerpfads zurück, nach Reszel. Die auf einem Hügel gelegene ermländische Stadt gilt als Eingangstor zu Masuren. Stolz erhebt sich die Bischofsburg über Reszel und Umgebung.

Die Burganlage entstand um 1400, als das Gebiet unter die Herrschaft der ermländischen Bischöfe kam. Sie behielt danach überwiegend ihre ursprüngliche Form und gilt als Musterbeispiel gotischer Verteidigungsbauten. Mir fällt beim Anblick dieses gewaltigen Bauwerks vor allem der neben den beiden breiten Türmen stehende schmale Turm auf, der über das gesamte Bauwerk hinauswächst. Er sieht aus wie ein Minarett, zumal auch die Steinfarbe hell ist und nicht die rotbraune Ziegelfarbe des Gesamtbauwerks aufweist. Versuche, den auf mich wirkenden Eindruck auf Papier festzuhalten.

Reszel strahlt mit seinen schmalen, altstädtischen Gassen und Bürgerhäusern Charme aus. Auffällig ist das rasterförmige Straßennetz. Hinter der Burg schließt sich ein reizvoller Straßenzug mit kleinen Läden an, der wie ein rechteckiger, langgezogener Hof angelegt ist. Hier finde ich ein nett eingerichtetes Café – gemütlich und rustikal.

Und hier bekomme ich dann auch meine so lang ersehnte masurische Mohntorte.

Burg in Reszel (Rössel)

Puszcza Piska (Johannisburger Heide)

Wende mich noch einmal den Landschaften der Puszcza Piska zu. Dabei taucht inmitten des Masurischen Nationalparks bei Lipowo (Lindendorf) ein großes Forsthaus auf. Auffällig die große Eingangsveranda. Zufällig ist der Förster, der dieses Forsthaus leitet, auch der Mann unserer Pensionswirtin in Kosewo (Kossewen).

Das Haus wurde 1870 erbaut und hat noch fast dieselbe Holzarchitektur wie damals. Ich versuche, es im Aquarell festzuhalten. Zu meiner Überraschung fällt mir im Gastraum unserer Pension ein älteres Ölbild auf. Es ist das zuvor von mir aquarellierte Forsthaus aus dem Jahr 1870.

Forsthaus im Masurischen Nationalpark

Lipowo (Lindendorf)

Blicke vom Forsthaus bei Lipowo zum Wald. Eine Wasserfläche leuchtet hindurch, schimmert. Ich folge einem Pfad und erblicke schließlich eine Landschaft, wie sie nur Masuren erschaffen kann. Hinter langaufrechten Kiefern zieht sich die fast farblose Fläche des Jezioro Majcz Wielki (Maitz See) hin. Der Horizont des Sees wird wie von einem dunkelblauen Pinselstrich durchzogen. Und über allem die Weite des Himmels mit der Luftigkeit seiner Wolkenbilder. Mit schnellen Pinselstrichen halte ich dieses so magische Bild Masurens fest.

Westlich des Sees wandere ich an Feldern vorbei zum kleinen Ort Lipowo mit seinen alten Holzhäusern und Gehöften, freilaufenden Gänsen und dem Geklapper der Störche in ihren hochaufragenden Nestern, umgeben von der dunklen Tiefe des dichten Waldes. Eine so harmonische, so friedliche Stimmung, wie ich sie als Kind einmal auf einem Bauernhof im Brandenburgischen, in der Nähe von Eberswalde, erlebt habe, als der Krieg in Ostpreußen noch in weiter Ferne war.

Landschaft bei Lipowo (Lindendorf)

»Doch schien ihm vor allem der Himmel über alle Maßen groß und gewaltig. Geschwader von Wolken zogen ruhevoll an seiner Wölbung entlang, aber selbst sie mühelos geordnet in dem unermeßlichen Raum, und ihre schweren Schatten stießen sich nirgends auf den noch bräunlichen Feldern. Auf den Hügeln der Äcker standen einzelne Bäume, das Astwerk ohne Hindernis ausgebreitet oder von immer wehenden Winden nach einer Seite gebeugt, und da sie fast alle ohne Hintergrund vor dem leeren Himmelsraum standen, so trugen die Felder in aller Kargheit ein Gesicht des Stolzes, als lägen sie noch da wie zu Beginn der Schöpfung und niemals sei anderes als Wind oder Regen oder eine kühle Sonne über sie hingegangen.«

Ernst Wiechert, »Das einfache Leben«, 1939

Feldlandschaft bei Lipowo

Auf der Suche nach der masurischen Melancholie

Wer tiefer in die Wildnis der Puszcza Piska (Johannisburger Heide) eindringt, die sich westlich am Ufer des Jezioro Nidzkie (Niedersee) erstreckt, der findet inmitten der galindischen Wälder und an den spiegelglatten Seen noch diese masurische Melancholie, wie sie von den Literaten in ihren Romanen so gefühlvoll beschrieben wurde. Hier fand auch die Handlung der masurischen Saga »Die Jeromin-Kinder« von Ernst Wiechert statt.

Als ich in Krzyże (Kreuzofen) am Nieder-See eintreffe, fällt mir der nun offene, stangenförmige Kiefernwald auf, der sich auf den Hügeln am See entlangzieht. Vor kurzem noch, im Masurischen Nationalpark, war es undurchdringlicher Laubwald. Ein reizvoller Kontrast, den ich spontan vom Seeufer aus male.

Auf der Rückfahrt nach Kosewo (Kossewen) begleiten mich immer wieder diese magischen, melancholischen Stimmungsbilder des alten, ursprünglichen Masurens: vereinzelte Holzhäuser in den Senken der Felder, kleine Bauerngärten, Viehweiden, die bis zu den Seen reichen, umgeben von der dunkelgrünen Tiefe der Wälder.

Kiefernwald bei Krzyże (Kreuzofen)

»Über Tannen und blassen Birken ballt der Abend rote Wolken
Jetzt ist mein Herz dieser See
Noch ein Mal, blitzend, streift ihn ein Flügel.
Leise,
dunkel schläft er ein.«

Arno Holz, »Phantasus«, 1899

Sonnenuntergang über dem Jezioro Probarskie (Probark-See)

Am Jezioro Juksty (Ixt-See)

Anhang

Aquarellieren am Jezioro Juksty

Hans-Jürgen Gaudeck

1941 Geboren in Berlin
1987 Eintritt in die Künstlergruppe MEDITERRANEUM

Einzelausstellungen u.a.
Kloster Dobbertin, Schloss Sacrow-Potsdam, Galerie der Kulturen im KOKON Lenbach-Palais München, Berliner Volksbank-PrivateBankingCenter, Galerie S, Kulturhaus Spandau, Galerie am Havelufer, Galerie Jasna Schauwecker, Griechische Kulturstiftung Berlin, Pinakothek Korfu, Vin d'Oc, Galerie Alte Schule Ahrenshoop, Schloss Ribbeck, rbb-Haus des Rundfunks

Reisen
Irland, England, Schottland, Dänemark, Finnland, Schweden, Norwegen, Litauen, Griechenland, Frankreich, Italien, Spanien, Türkei, Bulgarien, Polen, Russland, Marokko, Ägypten, Oman, Jordanien, Kenia, Sri Lanka, Thailand, Bali, Vietnam, Burma, Kambodscha, Kuba, USA

Aquarelle
Werke im privaten und öffentlichen Besitz

Bücher – Eine Auswahl
Auf Reisen – Wege zum Aquarellieren, Tage auf Kreta, Augenblicke auf Korfu, Vom Zauber Asiens, Poesie des Augenblicks, Perlen der Ostsee, Eva Strittmatter – Märkischer Juni, Theodor Fontane – Ein weites Land, Von London bis Pompeji mit Theodor Fontane, Rainer Maria Rilke – Oh hoher Baum des Schauns, Eva Strittmatter – Und Liebe liebt niemals vergebens

www.gaudeck.com

Hans-Jürgen Gaudeck im Steffen Verlag

Rainer Maria Rilke: **Oh hoher Baum des Schauns**
Aquarelle von Hans-Jürgen Gaudeck
92 Seiten, 43 farb. Abb., 24 x 21 cm, Festeinband
ISBN 978-3-941683-46-4, 16,95 Euro

Hans-Jürgen Gaudeck: **Perlen der Ostsee**
84 Seiten, 43 farb. Abb., 24 x 21 cm, Festeinband
ISBN 978-3-941683-26-6, 16,95 Euro

Theodor Fontane: **Ein weites Land**
Aquarelle von Hans-Jürgen Gaudeck
84 Seiten, 40 farb. Abb., 24 x 21 cm, Festeinband
ISBN 978-3-941683-37-2, 16,95 Euro

Theodor Fontane: **Von London bis Pompeji**
Aquarelle von Hans-Jürgen Gaudeck
84 Seiten, 39 farb. Abb., 24 x 21 cm, Festeinband
ISBN 978-3-941683-41-9, 16,95 Euro

Hans-Jürgen Gaudeck & Eva Strittmatter

Eva Strittmatter: **Märkischer Juni**
Aquarelle von Hans-Jürgen Gaudeck
4. Auflage, 92 Seiten, 46 farb. Abb., 24 x 21 cm, Festeinband
ISBN 978-3-941683-24-2, 16,95 Euro

Eva Strittmatter: **Und Liebe liebt niemals vergebens**
Aquarelle von Hans-Jürgen Gaudeck
96 Seiten, 46 farb. Abb., 24 x 21 cm, Festeinband
ISBN 978-3-941683-60-0, 16,95 Euro

Quellen

Holz, Arno: Phantasus, Philipp Reclam jun., Stuttgart 1984.
Skowronnek, Fritz: Das Masurenbuch, Otto Janke Verlag, Berlin 1916.
Wiechert, Ernst: In der Heimat, Piper Verlag, München 1938.
Wiechert, Ernst: Wälder und Menschen, Verlag Kurt Desch, München 1956.
Wiechert, Ernst: Das einfache Leben, Verlag Kurt Desch, München 1946.

Impressum

Die Deutsche Nationalbibliothek verzeichnet diese Publikation
in der Deutschen Nationalbibliografie;
detaillierte bibliografische Daten sind im Internet über
http://dnb.d-nb.de abrufbar.

Nicht in allen Fällen konnten mögliche Rechteinhaber
ermittelt werden. Betroffene bitten wir, dies zu entschuldigen
und sich an den Verlag zu wenden.

1. Auflage 2016
© edition federchen im Steffen Verlag | Steffen GmbH
Berliner Allee 38, 13088 Berlin, Tel. (030) 41 93 50 08
info@steffen-verlag.de, www.steffen-verlag.de

Herstellung: Steffen Media | Steffen GmbH
Mühlenstraße 72, 17098 Friedland
www.steffen-media.de

ISBN 978-3-941683-67-9